A TU PIEL
© Viky Díaz
© de la imagen de portada y las ilustraciones del interior: Yolanda Barba Pérez
Diseño de portada: Yolanda Barba Pérez/Dpto. de Diseño Gráfico Exlibric

Iª edición

© ExLibric, 2026.

Editado por: ExLibric
c/ Cueva de Viera, 2, Local 3
Centro Negocios CADI
29200 Antequera (Málaga)
Teléfono: 952 70 60 04
Fax: 952 84 55 03
Correo electrónico: exlibric@exlibric.com
Internet: www.exlibric.com

ISBN: 979-13-88079-96-2
Depósito Legal: MA 299-2026

Impresión: PODiPrint
Impreso en Andalucía – España

Nota de la editorial: ExLibric pertenece a Innovación y Cualificación S. L.

VIKY DÍAZ

A TU PIEL

ExLibric

ANTEQUERA 2026

Prólogo

Cuando conocí a Viky, llevaba una sonrisa en la mirada. Con el paso de los días me di cuenta de que era una característica suya, y quizá por eso despertó tan pronto una confianza especial en mí. Procuraba escucharla con atención, porque siempre tenía un comentario inteligente, amable y creativo, que compartía con tal soltura que esa sonrisa suya terminaba por reflejarse en la mirada de los demás. Pronto pude percatarme de que esto sucedía de manera constante.

Abrir este poemario es como cruzar una puerta que no chirría: una entrada suave hacia un espacio donde la luz se posa con delicadeza. Viky no se revela por completo, pero deja que algo de su aliento, de su manera de mirar el mundo, acompañe nuestros pasos. En sus versos, lo cotidiano no es simple rutina: es una superficie sensible donde lo espiritual asoma como un reflejo inesperado, una vibración que se enciende cuando nadie parece mirar.

No es una confesión. Es una cercanía elegida. La autora nos permite entrar sólo hasta el punto donde la intimidad aún respira tranquila, como si compartiera un secreto pequeño, de esos que no pesan, pero iluminan cuando se abren. Cada poema se siente así: una invitación discreta, un gesto apenas entreabierto, lo suficiente para que algo dentro de nosotros también se abra.

En estas páginas, el cuerpo —propio, ajeno, imaginado— es un territorio que habla sin levantar la voz: un mapa de huellas, sombras y memorias que rozan la piel y, sin avisar, alcanzan el alma. Porque aquí lo espiritual no desciende de ningún lugar remoto; brota de la carne misma, se mezcla con el aire y regresa a nosotros como un eco suave, como un suspiro.

Por su parte, las ilustraciones de Yolanda nos acompañan en este trayecto y nos ofrecen una interpretación que comparte la maravilla de un mundo nuevo: uno que mira a través de la poesía y se nos entrega con frescura y alegría, como una criatura que dibuja sobre una servilleta y sonríe.

Este libro nos recuerda que lo sagrado puede encontrarse en un movimiento mínimo, en una mirada que dura un segundo más, en la forma en que la tarde toca un hombro. Y que, a veces, basta un verso para encender la parte más honda de nuestra propia vida.

Carles Gatell
Reus, invierno de 2025

Agradecimientos

A quienes de forma tácita o explícita me animaron a seguir escribiendo.

A su respeto y confianza.

Ángeles de nombre o talante.

A Madrid y lo que me aporta.

A quienes son familia, de facto o esencia.

A cada nombre que hay en mi vida, nombres Florales, de Paz y aliento; todo ayudó a configurar.

A Luis y su orden, siempre latente y presente.

A Yoli y sus pinceles siempre a punto.

A algún rebelde que cuestiona.

A alguna canción que sigue inspirando.

A un poemario que prepararon Laura y María y quedó hibernado.

A María Josep y Josep, siempre en mi corazón mejunjero.

A Eufemia, eterna admiradora.

A todos y todo lo que ahora mismo no aparece, pero sigue estando.

A Joan Ramón, eterno ángel observador.

A mi estirpe y a todo lo que me hizo dudar de mí.

Gracias.

Solo ven la luz algunos de mis poemas. Ahora, no sé si son los más precisos o descriptivos. Les toca por alguna razón.

Este es mi segundo libro impreso, algunas muestras de momentos sentidos o imaginados, que no por más personales dejan de ser cómplices de quien quiera sentirse afín.

¿Les damos permiso?

¡Que siga corriendo la tinta!

MIRARTE

Siéntate, que quiero verte,
escucharte, entretenerte.
Siéntate, que quiero hablarte
y sin dejar de mirarte.

Tápate, que hace frío,
no te constipes, bien mío;
si quieres, iré a abrazarte
y sin dejar de mirarte.

En palabras voy pintando
lo que estoy viendo y mirando;
muéstrame cuál es tu arte
y sin dejar de mirarte.

De mi vida un pedacito,
dicen que todo está escrito;
por siempre formarás parte
y sin dejar de mirarte.

¿Fue ilusión o fue descuido?
¿Tuvo que ver tu vestido?
¡Qué fácil resultó amarte
y sin dejar de mirarte!

SUSTENTO

Se marchitan las ideas,
se marchitan los colores
y aunque mueran mil estrellas,
van a seguir siendo bellas
por el Amor que les pones.

Se marchitarán los cuerpos,
aunque no pierdan su Ser,
siempre habrá libros abiertos
que poder reconocer.

Se marchitará el momento
de lo que quise y no fue;
algo quedará en el tiempo,
mientras duró fue sustento
de mi ilusión y mi Fe.

A veces quiero y reviento
por lo que no pudo ser.

A LA NIÑA QUE SOY YO

En el mirador estaba...
una niña pensativa,
al infinito miraba,
su pensamiento se iba.

En el mirador estaba,
iba tragando saliva
y alguna vez suspiraba;
rebuscaba en su alegría
por algún tiempo escondida,
recapituló su vida
cada noche, cada día.

Ahora le toca observar,
ser un ser contemplativo,
sin pretender desdeñar
lo que es sentir y estar vivo.

Sin ufanías latentes,
ni rastro de algún mal vicio,
con sus ojos y su mente
gozó la luz del solsticio.

Esa niña transparente,
que aún hoy serlo quisiera,
deja ver graciosamente
su fiel esencia primera.

FIEL A MI CONDICIÓN

Después de mil religiones,
de prohibición impostada,
después de mil condiciones
y de dejarnos en nada,
hoy vivo el libre albedrío,
porque de mi Ser me fío.

Y fiel a mi condición,
saco el pañuelo con brío,
aunque me cueste algún lío,
mi sentir, pensar, es mío.

Y que se vaya al carajo
lo que me llega baldío,
sin Alma, vacío
y que quiere echarme abajo.

DE...

De sándalo y lima,
de miel y canela,
de cumbre y de cima,
de sol y de estela.

Mirada profunda,
sonrisa elevada,
de agua y de jungla,
de verde adornada.

De pálpito dulce,
de tono candente,
de amor que se funde,
de abrazo envolvente.

De sigilo quedo,
de alma galante,
de risa sin miedo,
de halo vibrante.

NATURALEZA

El zumbido de una abeja,
con vibrato en do mayor,
se acerca y después se aleja
golpeando su tambor.

Con la zeta y con la ese,
con la ese y con la zeta
vuela y suena pizpireta
como el aire que la mece.

Ánimo, reina del campo,
recoge y vuelve al sonido,
tu zumbido se hace canto
antes de volver al nido.

Imprescindible eslabón
de nuestra naturaleza,
hoy siento en mi corazón
que eres Reina y Realeza.

EN SILENCIO

Para que no me discutas
en tercas y hondas disputas,
para que no me amenaces
ni mi paz hoy atenaces.

Para que así te des cuenta
que el Alma a veces revienta,
para no ser tu melaza
me construiré una coraza.

Y será mi compañera,
firme, fiel y protectora,
hasta el día que yo quiera,
día a día, hora a hora.

Y cuando vea la luz,
aflojaré mis bisagras
y abrazaré la quietud,
en silencio, sin palabras.

MARZO

En aguas de marzo
diluí una pena,
la llevé conmigo
hasta la luna llena.

En aires de marzo
me quité el abrigo,
lo enterré en la arena
y olvidé el testigo.

En soles de marzo
fui mirando al cielo,
me otorgué descanso
y también consuelo.

En días de marzo
fui resucitando,
cuidé mi regazo
y abracé cantando.

En tiempos de marzo
volví a ser yo,
volví a mi encuentro
y todo sanó.

DIVINA

De luz hilada,
de seda fina,
iluminada,
¡porque es divina!

De parpadeo,
de seda fina,
de Prometeo,
¡porque es divina!

De baile aéreo,
de seda fina,
de brillo etéreo,
¡porque es divina!

De luz radiante,
de seda fina,
de olor vibrante,
¡porque es divina!

EL DÍA

El día que me dijeron,
el día que me contaron,
el día que me quisieron
y más tarde lo cumplieron
y en mil cosas demostraron…

El día que lo entendieron
y mi opinión respetaron,
y con ello engrandecieron
todo lo que me otorgaron.

Aún más grande se hicieron
y casi, casi ganaron;
y por eso hoy prefiero
valorar lo que me dieron,
que con gracia recibieron
y con gracia me legaron.

BRILLO

Ay del agua que bebí,
ay del árbol que abracé,
lo supe en cuanto te vi
y de ti… me enamoré.

Fue del arroyo el sonido,
fue del sol y la mañana,
fue de tu hermoso vestido
y de la brisa temprana.

Fue del color de una nube,
del algodón de su forma;
mi corazón baja y sube
sin silenciador ni norma.

El fulgor de tu mirada
no precisa interruptor,
aquí la tengo grabada
por su brillo y su color.

PROMETEO

Si tu contención admiro,
aunque a veces no deseo,
por encontrarte suspiro,
y aunque quiera no te veo.

Si por no tenerte a tiro
me conformo con Morfeo,
por encontrarte suspiro,
y aunque quiera no te veo.

Como una rama de olivo
que se mueve sin solfeo,
por encontrarte suspiro,
y aunque quiera no te veo.

Voy entendiendo el destino,
soy mi propio Prometeo,
ya te encuentro y no suspiro,
porque en mis sueños te veo.

DESPIERTA

El búho con su cadencia
acompaña con su son,
su nocturna inteligencia
cumple bien su condición.

Sea de noche o de día,
en la perfección que es,
cada cual en sinfonía
de la cabeza a los pies.

Hay tantos días y luces,
hay tantas vidas y cruces,
hay tanto anhelo apagado
sin poder ser expresado.

Hay tanto amor escondido
por temor a ser vivido,
hay muchas horas sin pan
por pensar en qué dirán.

Deja que el amor se exprese;
para que tu Ser regrese
déjale la puerta abierta
y verás como despierta.

ATARTE

Y… se te escapa un «mi vida»,
y se te escapa un «te quiero»,
y yo, más que sorprendida,
casi diré que lo espero.

Me gustaría abrazarte,
escuchar lo que me cuentas
y quizás también atarte,
ya no le demos más vueltas.

Sería grato cantarte
algunas palabras sueltas
y quizás también atarte,
ya no le demos más vueltas.

A VECES

A veces me maravillo,
a veces no entiendo nada,
a veces incluso un grillo
me mantiene embelesada.

A veces casi por todo,
a veces casi por qué,
a veces huyo del lodo
y a veces me encuentro en él.

A veces sigo añorando
y no entiendo para qué,
otras veces avanzando
donde me lleve mi Ser.

A veces sigo anhelando
lo que aún no sé si haré,
y mientras tanto abrazando
lo que mañana sabré.

SEA

Vestida de luz de luna,
bañada de mar y cielo,
viene hacia mí la fortuna
cumpliendo más de un anhelo.

Sellada de paz eterna,
henchida de luz y amor,
como rayo de linterna
y arco iris de color.

Adornada de ilusiones,
de coraje y alegría,
dándole brillo a mis dones,
bendigo la vida mía.

Sea lo que haya de ser,
sea libre o sea escrito,
alinearme con mi Ser,
solo eso necesito.

FUE

Fue de sus pies de Algodón
y de sus besos de Fuego
donde descubrió su Don
con la Inocencia de un juego.

Buscaba en mil direcciones
con la Mirada perdida,
hurgaba en sus Emociones
queriendo entender la Vida.

¡Ay de ti, quimera Hermosa,
que te presentas sin Más,
atrevida Mariposa,
apareces y te vas!

SOÑAR

De una nube,
de un camino,
de un corazón
y un destino.

De un sentir
y de un pensar,
de un construir
y anhelar.

De una copa,
de un brindar,
de un querer
y un desear.

De un querer tenerlo todo,
de un despertar a la vida,
de un soñar codo con codo
sin una carta escondida.

UNA Y OTRA Y OTRA VEZ

Palpitar de golondrinas,
perlas negras danzarinas,
compás del viento afilado
cuando pasan por mi lado.

En estela milagrosa
y filigrana ruidosa
van alegrando mi día
con su baile en sintonía.

Desde pequeña que admiro
ese grito cual suspiro
que emiten graciosamente
sin avisar, de repente.

De su melodía hermosa,
sin fijarme en otra cosa
se acompañó mi niñez;
si el cielo palidecía
apagando un poco el día,
su danza me conmovía
una y otra y otra vez.

Hoy me ha dicho

Hoy el mar me ha dicho todo,
aunque no le pregunté,
y los dos, codo con codo,
ahora digo, ahora él.

Después de aspirar su yodo
y de encontrarme en su todo,
le doy mil gracias mil veces,
con todo mi amor, con creces.

Y siempre me va diciendo
todo lo que en mí estás viendo,
también conforma tu ser,
suma del debe y haber.

Mar por siempre venerado,
ya formas parte de mí,
más que mil cosas buscado
y siempre siempre encontrado,
porque siempre estás aquí.

VALIENTE

Dulce miel de caramelo,
distraída y caprichosa,
me refrescas como el hielo
acariciante y jugosa.

Imagino mil colores
bajo la luz de la luna,
elucubrando en amores
¡de mis ojos la fortuna!

Pensante y dolientemente,
sin esperar recompensa,
seré porque soy valiente
y mi dicha será inmensa.

GANAS

En impulso arrebatado
siento ganas de vivir,
de contar con lo soñado,
de quererme y de sentir.

De mi cuerpo siento ganas
y también ganas de ti,
de disfrutar las mañanas
y de entretenerte en mí.

Que las puertas no se cierren
y no tener que fingir,
porque las aguas entienden,
permitámonos fluir.

¡AY!

Ay, qué bien, qué bien me sabe
el aroma de tu brillo,
cómo cantas con tu risa
y tu alocado flequillo.

Ay, qué bien, qué bien me sabe
lo que me llega de ti,
pareces tener la llave
de lo que eclosiona en mí.

Ay, qué bien, qué bien me sabe
cualquier cosa que me dices;
con tus palabras bendices
y casi nada más cabe.

Fíjate qué bien me sabe
todo lo que recibí,
para que nada se acabe
permitiéndonos que «sí».

Ni domicilio ni enclave,
solo ritmo en do re mí
y sin orden ni obediencia,
ni desidia ni indolencia,
solo queriendo vivir.

PASAN

Pasan días, pasan horas,
pasan minutos sin más,
se ha diluido la aurora
y el ocaso queda atrás.

Pasan los buenos momentos,
los malos pasan también,
caprichosos instrumentos
del infierno y del edén.

A veces descubrimientos,
a veces causas perdidas,
perpetuando sentimientos
en esto que llaman vida.

¿Cuál será el emolumento,
el premio, la recompensa?
Habrá que afinar talento
cuando la vida se tensa.

Por eso ahora te digo,
pon en marcha tu atención,
atiende porque el testigo
te lo dará el corazón.

Y...

Y te dejaste aquel beso
descolgado de un «te quiero»,
que de frío quedó tieso
y murió pensando... espero.

Perennes algunas hojas
colgadas en la memoria,
aunque algunas se deshojan
quedándose sin historia.

Volando en el vendaval
o quietas en el solsticio,
luciendo en un carnaval
o sin siquiera un vestigio.

En ciclos apresurados
o en etapas contenidas,
van naciendo en algún lado
de esto que llamamos vida.

¡PORQUE A MÍ ME DA LA GANA!

Ni lámparas, ni candiles,
su luz cual polvo de estrellas,
más viva que cien misiles
dio luz a la noche aquella.

Me huele a nardo y jazmín,
y de hierbabuena viene
el aroma a mi ventana;
de perfumes un sinfín
respiro cada mañana.

Pensar en ti es lo que tiene,
porque a mí me da la gana,
y en el aire se sostiene
con esa brisa temprana.

¡Pensar en ti es lo que tiene,
porque a mí me da la gana!

PARAÍSO

De ese paraíso
que a veces buscamos,
hermoso y preciso,
que tanto anhelamos.

De ese paraíso
que a veces anida,
te alza del piso,
te llena de vida.

De ese paraíso,
de sus mil razones,
vital compromiso
de los corazones.

De ese paraíso
al que no llegamos,
hoy hago un inciso…
¿Por qué no soñamos?

De ese paraíso
me copio la idea,
lo hago sumiso
y sea lo que sea.

DESTINO

Déjame que sea intensa,
eso es lo que quiero ser,
porque el corazón no piensa,
pero crea por creer.

Y si mi mente se tensa
porque quiera parecer
algo que nunca se intenta,
pues me tendré que joder.

Pero mi alma despierta
va tramando con sigilo,
con una puerta entreabierta,
sabiendo estirar del hilo,
ese que siempre nos cuentan
que nos une a almas afines,
no estando puerta con puerta,
más bien en otros confines.

Ya está lista la ruleta,
cada cual siguió un camino,
algunos con su receta,
otros mirando al destino.

VOTOS

Y de piel,
y de roce,
y de ganas,
y de goce.

De imaginar,
de quimera
y de causa
que no espera.

De cántico celebrado,
de gesto y risa a tu lado,
de vena y sangre doliente
escapándose el presente.

De ganas, de picardía,
de contención importada,
de ver cómo pasa el día
con el Alma tan callada.

De esperar que el tiempo pase,
de tantos momentos rotos,
de soñar con la alegría,
hoy volveré a hacer mis votos.

El momento

Es tan hermoso escucharte
y en el día imaginar
que puedo ir a abrazarte…

Es tan hermoso tenerte,
también puedo imaginar,
aunque apenas pueda verte.

Es tan hermoso el momento
de mutuo descubrimiento;
es tan hermosa la luz
y la callada quietud.

En las horas que se asoman
se atisba una bendición,
como un volar de palomas
que vuelan en formación.

Quédate en mi pensamiento,
yo no te quiero apartar,
para vivir el momento
cual si fuera un despertar.

CANDILES

Si me miras te diré
desde el haz de tu mirada:
«Nunca antes encontré
una luz tan deseada».

En el fulgor de un instante
te descubrí despistada,
de entonces en adelante
fuiste por ser «tú» mi amada.

Nunca me creí aspirante
de ser amado también,
pero tú con tu talante
sigues haciéndome bien.

Entre juegos de palabras
y bromas casi infantiles,
me miras cuando me hablas
con tus hermosos candiles.

SENTIDO

Si el brillo alegre
ya se secó
y la palabra
se confundió.

Si tantas cosas
han devenido
y muchas otras
se han diluido.

Si queda un poso
de contención,
loco o juicioso,
sin dirección.

Hoy doy las gracias
por lo vivido;
vivir se aprende
con lo sentido.

AROMA

Y te dejaste tu aroma
colgadito de mi abrigo,
medio en serio, medio en broma
cuando aún no era tu amigo.

Y cada vez que te asomas
en la urdimbre soy testigo,
como un vuelo de palomas
entretejida en mi abrigo.

En breves risas,
en dos palabras,
sin más premisas;
siempre que hablas
me habla la brisa
de tu sonrisa.

LA VIDA

Se acortan los días,
se alargan las horas,
en su sinfonía
terca y vencedora.

Y se atrapa el tiempo,
cruel contabilidad,
y muestra con su talento
su vil y cruda verdad.

Aunque dicen que no existe,
que es relatividad,
pero con tictac se viste
desde el principio al final.

Para qué seguir contando
cuando todo es relativo,
si la vida va pasando
haciéndonos sus cautivos.

EL SOL

Se ha puesto el sol otro día
y lo hace tras de sí,
se oculta con picardía,
¿O me lo parece a mí?

De pequeña no entendía
por qué se escondía así,
era siempre cada día,
¿O me lo parece a mí?

Pero ocurre que hoy en día
aún me asombra la osadía
del sol y su tropelía,
porque hoy decide salir,
hora a hora, día a día,
al mundo y su geografía,
¿O me lo parece a mí?

DÍA

En el entresuelo
de mis ilusiones
encontré consuelo
al hallar tus dones.

En el entresuelo
de tu simpatía
ya no hubo desvelo,
sino más bien día.

En el entresuelo
de lo que soñé
partió de un anhelo,
sin puerta ni velo,
sin ningún recelo;
en ti veo mi cielo,
no hay frío ni hielo,
siempre te amaré.

AGUANTE

Si dimito de unos besos
o de unos tiernos lugares,
de palpitantes excesos
y también de unos lunares.

Si me aparto de unos huesos,
ya no habrá particulares,
los deseos saldrán ilesos,
pero las ganas a mares.

Tiro de imaginación
y reduciré la marcha,
me asomaré a mi balcón
a ver si el mundo me engancha.

Bailaré sin ton ni son
o cantaré una balada,
reviviré la emoción,
aunque no te diga nada.

CÚSPIDE

Mucho macho alrededor
de corazón palpitante,
cuerpos vivos y anhelantes
de mi aroma y mi calor.

Oda a la piel y a la vida,
oda a quien está esperando;
mis ganas ya están servidas
mientras alguien va soñando.

Tiro de imaginación
y me imagino la escena,
en la cúspide del rato
no hay rendición ni contrato,
mientras la estancia está llena
de anatómico arrebato.

De células y chispazos
que disparan concentrados,
de jadeos y de abrazos
con prisa, ajetreados,
van bajando la intención,
la intensidad y el jaleo,
y naciendo una canción
en los brazos de Morfeo.

SANADA

Porque hoy he vuelto a esta fosa,
una tumba improvisada,
pequeñita, poca cosa,
discreta y ritualizada.

Porque enterré algunas cosas
con emoción, sin más nada,
en ofrenda dadivosa,
en solitario y callada.

Desde aquella hora hermosa
de voluntad confirmada,
de intención algo juiciosa,
de sencillez adornada,
he vuelto hoy a esta fosa
de energía ancestral... SANADA.

¿MEDRAS?

¿Medras?
Entre la arena y las piedras,
a veces por lo que hierras
y otras por lo que entierras.

¿Vives?
Porque algún honor consigues,
o más bien lo que percibes,
será eso lo que vives.

¿Sientes?
Aunque alguna vez te mientes
y retienes entre dientes,
quieres, pero te arrepientes.

¿Cuentas?
De lo que hoy te sustentas,
porque a veces algo intentas,
aunque hoy vayas a tientas,
¡Si no lo dices, revientas!

Respira

Si me ofreces aire,
sabes lo usaré,
será mi rearme
y respiraré.

Si me ofreces tiempo,
lo compartiré,
ni rápido o lento;
del sutil momento
lo disfrutaré.

Si me ofreces ganas,
te las tomaré;
buscaré mañanas
ligeras, mundanas,
las traeré conmigo,
las regalaré.

Si me ofreces vida,
misterio curioso,
será bienvenida,
le daré reposo
y reposaré.

PRESTAR

¿Me prestas tus **Alas**,
esas como balas,
que brillan, que aclaran,
que quieren y pueden;
que abrazan, que hieren,
que dicen que espere
y a veces me duelen?

Préstame en silencio
tu **Luz** y tu **Aliento**,
ese que me dice,
ese que se calla
y a veces bendice;
ese que me embarga
o quizás diluye
lo que me aletarga,
que vive e influye.

Préstame la **Risa**
que todo llenó,
ligera, precisa,
y se quedó en mi **Vida**
y la completó.

AMIGO

Y recogida de mí,
y recogida conmigo,
hoy me apetece decir
lo que te quiero, mi amigo.

Porque cantando afinado,
porque llorando y ya está,
tanto es lo que he encontrado,
porque no estando, ¡sí estás!

Por tanto y lo referido,
porque siempre reconozco
que hay mucho de bendecido
desde que a ti te conozco.

Cantando *La Marsellesa*
como jóvenes vitales,
teniendo tu gentileza
y tus picardías a mares.

Ambos hemos llorado
días y tardes muy grises;
después de lo superado
¡Viva nosotros!, ¿qué dices?

DAÑO

El día que dañé a un hombre
después de dañarme a mí,
perdonad que no le nombre,
no creo que eso me honre
ni tampoco me deshonre,
solo es Ego que se esconde,
pues hoy no quiere salir.

Y después de haber dañado
sutil, recíprocamente,
me mantenía a su lado,
ya sin cuerpo, solo en mente.

Yo sé desde mis entrañas,
esas que sienten por mí,
las que no tienen legañas,
ni propias ni extrañas,
esas que cuando lo saben
ni duda alguna les cabe
y siempre dicen que sí.

Y lo sé por alma vieja,
o quizás joven de más,
de sabiduría añeja
o que no aprende sin más.

Y ME DECÍA LA LUNA

Y me decía la luna:
«Mírame, no te estés quieta,
yo siempre soy oportuna,
tú por mí no seas discreta».

Y me decía la luna:
«Observo tu caminar
iluminando tus pasos,
por eso me has de mirar».

Y me decía la luna:
«Camina, no tengas miedo,
desesperanza ninguna,
confía en tu propio credo».

Y me decía la luna
tantas cosas que sabía,
desde luego fue oportuna
y alumbró esa noche mía.

Un día

Un día perdí los miedos
y me quise ser sincera,
quise contar con los dedos
y gasté una mano entera.

Ya no me bastó con una,
la otra también la usé,
me vino a ser oportuna
y por eso la escuché.

En esos miedos temidos,
asustados y aburridos,
mil veces nos detenemos
y, al final, algo perdemos.

Es el juego de la vida,
requiere mucha atención
de llegada o despedida,
lo que vale es la emoción.

DE SENSACIONES

De tanto empeño,
de tanta hondura,
de tanta risa,
de algún dolor.

De tanto sueño,
de tanta holgura,
de tanta brisa
que hay en tu voz.

De ser pequeño,
de mucha altura,
de tu camisa
y de tu olor.

De ser dichosos,
de esencia pura,
de andar sin prisa,
de tu sabor.

De hacer mil planes
con tu soltura,
de ola eterna,
caricia lisa
y con tu **Amor**.

DUDAS

A veces estoy cansada,
a veces me siento herida,
a ratos no siento nada
y otros días voy perdida.

Hoy lloro y no sé por qué.
Pero... ¿qué digo? Lo sé.
Igual un día lo digo
o manifiesto y maldigo
cómo y por qué me callé.

Hay una nota cadente
que escapa de mi canción,
quiere sonar, es urgente,
ya no se muestra indolente,
hoy quiere hacerse presente
y soñar con intención.

EGOS

De inspiración o de duda,
de poesía intrincada,
de lucidez o cordura,
o de sangre envenenada.

De la idea solitaria,
de querer tenerlo todo,
o de la suerte arbitraria
que a veces te lleva al lodo.

De ilusiones que se fueron
como la ola en la playa,
y esperanzas se tejieron
por no tirar la toalla.

De guerras, de corazones,
de egos aprisionados,
cada cual con sus razones,
atravesando emociones
sin rumbos determinados.

PLIEGUES

Imaginando tus pliegues
bajo tu falda graciosa,
con ese aire que tienes
que eleva tu aura hermosa.

Imagino que sostienes
cualquier joya que es hermosa,
y al sostenerla mantienes
más tu brillo que otra cosa.

De las curvas que contienes
hoy doy **Fe** que son de **Diosa**,
certifico las mantienes
elegantes, sinuosas.

DESEO

Ay, índice temeroso,
anímate a recorrer…
mi cuerpo ya tembloroso
te invita a reconocer.

Cada pequeña incidencia
que no se quiera ocultar
te otorgará mi paciencia
para poderte premiar.

Olvídate del respeto,
tú pones las condiciones,
y dibújame el boceto
desde todos mis rincones.

Y no es contradicción,
hoy para ti hay barra libre.
Por favor, no te estés quieto,
que nuestro gozo sea audible.

HERMANO

Prisma de caleidoscopio,
de mil facetas tallado,
resultas cual suave opio,
como estela en telescopio,
como nube en periscopio,
como sueño idealizado.

¿Te quedas conmigo, hermano,
aunque de sangre no seas,
con tanto brillo en tu mano,
cual diamante tan ufano,
cual mente de mil ideas
y más que todo cercano?

De geometría sagrada,
del brillo de mil estrellas,
si no te quedas, no hay nada,
ni noche, ni madrugada;
quédate en esta alborada
para ver cómo destellas.

RESILIENCIA

Sí me colmé de paciencia,
de formalidad impostada,
de tanta ajena indolencia,
de hueca voz que silencia
y lo deja «todo en nada».

Hoy lo llaman resiliencia,
fíjate que pulcritud;
ya me haré alumna otro día
y cuidaré mi actitud.

Solo un leve testimonio
de cuál es mi condición,
mandaré todo al demonio
quedándome el corazón.

PRUEBA

Pálpito dulce,
huele a naranja,
luz que se nutre
de la añoranza.

Prenda de cambio,
moneda viva,
la voz que canto,
verdad prohibida.

Prueba y misterio,
canción de ocaso,
ni monasterio,
ni cementerio,
anhelo limpio,
besos de raso.

SECRETO

Tácita noche que vino a verme,
se quedó cerca para decir
qué cosas quería concederme
y sigue quieta, cerca de mí.

Tácita era y casi callada,
apenas dijo, no dijo nada;
algo insolente, algo indolente,
hablando bajo, pero entonada.

Tácita noche de tierno abrigo,
de oscuro ocaso y algún suspiro,
tácita era y se fue perdiendo,
me dijo poco y aún no entiendo
si hablaba cierto o quizás mintiendo;
entró a mi oído y se desahogó;
o lo he soñado, quizás inventado,
aún me pregunto esta noche yo.

¡Qué claro a veces imaginar
como los peces poder nadar!
¡Qué claro a veces quedarse quieto
e imaginar que todo es secreto!

TRAZO

Suave trazo deslizado
en la ruta hacia un tesoro,
ni lento ni apresurado,
percibiendo cada poro.

Ruta tierna de epitelio,
de apetito y digestión,
observando un evangelio
para nutrir la emoción.

Ese será mi misterio,
ni dogma ni religión,
ni castidad ni adulterio,
solo piel y corazón.

MI MADRE

Aprendí con poca cosa,
con la mirada de niña,
con algunos sinsabores
y cerebro que escudriña.

Los sentidos opacados
de alguna dificultad,
pero con mimo afinados
y profunda voluntad.

Alma de cántaro viejo
en cuerpo infantil metida,
limpia de agua y espejo
y alguna vez consentida.

Pequeñeces cotidianas
de lisonjera apariencia,
el sueño de las mañanas,
y de mi madre, paciencia.

Hoy guardaré bajo llave
el dolor de las heridas
y adoraré más si cabe
a mi madre bendecida.

ILUSIÓN

¿Es divina la ilusión
de confusa mezcolanza
que acelera el corazón
y te hace vibrar la panza?

¿Qué te cuenta, qué te dice,
qué augurios te va incrustando?
¿Por cuánto tiempo predice
mientras la estás escuchando?

¿Qué te oculta o te revela,
qué datos almibarados?
¿Te aclara alguna secuela
de momentos anhelados?

¡Qué osadía irreverente
prestarle tanta atención
y no pensar con la frente,
sino con tanta emoción!

¡Y es que sea como sea,
como tuviera que ser,
mejor que el Alma se crea
lo que se quiera creer!

NADIE GANA

Para ti o para mí,
como reparto de prendas,
algo nos viene a decir
nadie gana en las contiendas.

Porque no, o porque sí,
incluso aunque no lo entiendas,
por otorgar hasta ti
mientras llegan las ofrendas.

Corpúsculo tenue,
alegría quieta,
tristeza que entiende
callada y discreta.

La gracia, la suerte,
el arte, el amor,
la vida, la muerte,
sin aire ni olor.

Risas

Era de noche y llovía,
no hubo nada planeado,
solo tu piel y la mía
y el calor a nuestro lado.

Pensábamos en conjunto
y sentimos a la par,
saltamos con los pies juntos
y nos fuimos a nadar.

El agua se removía
al jugar entre nosotros,
tu cara junto a la mía
y mis ojos en tus ojos.

Casi era una sinfonía
con un solfeo atinado,
nuestras risas se sentían;
fue un hermoso y tierno día,
y nunca será olvidado.

DIBUJO

Por hoy deslizas tu aliento
cálido sobre mi piel,
haciendo un dibujo lento
y dulce como la miel,
en largo entretenimiento
como el trote de un corcel.

Satinado recorrido
por largo tiempo esperado,
sin premura, sostenido
y mucho más deseado.

Escaneando mi vientre,
auscultando algún suspiro,
pautando serenamente,
gozando cuando te miro.

DESPUÉS

Le quise más que a mi sombra,
le quise más que a mi vida,
más que a todo lo que me honra
y que a mi propia saliva.

Le quise estando dormida,
le quise estando de pie,
le quise estando aturdida,
también despierta, también.

Y le quise estando herida
y no sabía por qué…
Después me enseñó la vida
y al poquito me curé.

COLCHÓN

Te fuiste con gran sigilo,
indolente condición,
mientras yo colgué de un hilo
esperando tu colchón.

Colchón de causas perdidas,
de mullida inconsistencia,
de herida seca y dolida,
presionada y comprimida
que se quedó en la indigencia.

Pero mira tú por dónde
en almohadas ajenas
encontré alivio y soporte
para alivianar mis penas.

Sin pretender postular
en nada que no sea mío,
hoy me quiero pronunciar
aun sintiendo el hastío,
para poder disfrutar
de este corazón tan mío.

Yo

No quiero más prendas caras
ni enturbiadas medicinas;
no quiero heridas, ni escaras
ni más lenguas viperinas.

No quiero premio o castigo,
ni tampoco necedad,
actitudes que maldigo,
ni mezquina falsedad.

Sí quiero reír contigo,
disfrutar tu sencillez,
sentirte por siempre amigo
perpetuando la niñez.

Hoy quiero seguir viviendo
como mi niña soñó,
apartar los dividendos
y quedarme en este «yo»,
por seguir agradeciendo
lo que la vida me dio.

Y YO CON ÉL

De las mañanas
y del relente,
y de mis noches
sin tu presente.

De suaves notas
que he recordado,
de mariposas
en algún lado.

De tanta seda
que hay en tu piel,
todo se queda,
nada se quema.

Vive el invierno,
aun siendo tierno,
y yo con él.

NADA

Nada me es indiferente
al acariciar su piel,
pura miel, puro presente,
que siempre invita turgente
como descanso en dosel.

Como en un arca guardada
al abrigo del estío,
muselina imaginada
y por cien veces pensada,
todo lo opuesto a la nada,
sin amargura ni frío.

Una canción

Fatua la culpa que vino a verme,
largo el camino que me brindó,
mudas las ganas de contenerme,
honda la herida que me dejó.

Plácida muerte por sostenerme,
digna la idea que la apartó,
mis seres vuelven a convencerme,
me dicen «**vive**» con mucho Amor.

No hablo de muerte intentada,
digo «no quiero» con viva voz;
miro la vida por la ventana,
alas en sueños cada mañana,
porque lo quiero, lo quiero yo.

Sigo poniendo todo mi empeño
en darle brillo a aquella manzana
de goce y Eros que siempre sana
la vida en brazos de una canción.

SER

Si yo conozco mi vida,
mi acerbo y también mi Ser,
si sé que soy presumida,
siendo propio de mi hacer,
déjame que me lo tome,
que me lo quiera beber.

Porque voy haciendo a ratos
y no me quiero parar,
entre dudas y arrebatos
todo está en ponerse a andar.

Si miro por la ventana,
depende de donde esté,
veo pasado o mañana,
¡y me dicen fíjate!

Fíjate en la sintonía
que te quiere recordar
que la voz no es tuya o mía,
sin embargo, quiere hablar.

Quédate por todo el día,
así me podré enterar;
la voz no es tuya ni mía,
pero nos quiere contar.

Y SÍ, ES VERDAD

Y sí, es verdad que le amé,
aunque eso fuera en secreto;
todo el Alma reservé
y… se lo dije al silencio.

Cada vez que le nombré
escuchaba un Eco extraño,
mucho tiempo lo guardé
como el pastor al rebaño.

Alguna vez expresé,
pero no lo dije claro;
de lo que entonces dudé
me fue resultando caro.

Por eso, no callaré,
aunque me cueste salud,
y por siempre le diré
¡que fue algún tiempo mi Luz!

A veces la primavera
reaparece en el estío,
se queda y también espera
que nada sea baldío.

Melodía palpitante

Melodía palpitante
de cadencia caprichosa;
dormirás en un estante
sin poesía y sin prosa.

¿Roncarás en la almohada,
morirás en el desagüe,
sin mi caricia pausada
ni una voz que sea amable?

¿Se diluirán tus notas
en acto de rendición,
aceptando una derrota
al perderse tu canción?

La, la, la, sigue cantando,
que en el mundo hay mucho ruido;
mientras me sigas gustando
te pondré todo mi oído.

FÁCIL

Fácil, ¿por qué no?
Fácil, grácil, porque sí;
de sentido táctil,
de facilidad,
de piel y mirada,
de felicidad.

De sensación fresca,
de brisa y de aliento,
de risa y de fiesta,
de calor fundido
en este momento.

De simpatía innata
y de madrugada,
de la flor y nata,
de ser deseada.

De principio eterno,
de voz elevada,
desde lo más tierno
y al fin encontrada.

DIME

En un clic, en diminuto,
y la vida apareció,
cuando aún no había minutos;
parece que así empezó.

Tras el tiempo que no existe,
tanta historia, tanta vida,
tanto odio que nos viste,
tanta ingrata despedida.

Se paga con fuego y tiros
esa cruel incontinencia
entre llantos y suspiros,
con miserable indolencia.

Dime ahora, raza humana,
¿qué es lo que hemos aprendido?
Las semillas del mañana…
¿Mueren sin haber nacido?

INFANTIL

¿Infantil la idea de quererte tanto?
¿Infantil el poso que dejaste en mí?
Infantiles sueños como un adelanto.
Infantiles horas cuando pienso en ti.

Infantiles manos y ya acariciando.
Infantil el premio que ya recibí.
Infantiles horas que aún voy contando.
Infantiles besos que ayer te pedí.

Infantiles velos que fui apartando
para cerciorarme que estabas allí.

De adultez el fuego
que sigo notando,
como preso en juego
al que están juzgando,
te miro y te ruego,
dime tú hasta cuándo
te quedas en mí.

Lección

Me van echando de menos
y a veces no me lo dicen,
los pesares no son buenos
cuando lo malo predicen.

¿Para cuándo, ciencia cierta,
me darás la explicación,
dejando tu puerta abierta
detrás de cada lección?

En clase soy aplicada,
aunque a veces me despisto,
no me quiero perder nada
para saber por qué existo.

Repíteme la lección,
si acaso no la entendiera,
afinaré mi audición
para comprenderla entera.

Y mientras, saldré al balcón
para ver la luna en cera;
quédate hoy en mi rincón,
quédate hasta que tú quieras.

NI A PARES NI A NONES

Ponte algo de abrigo
que ya refrescó,
quédate callada,
no me digas nada,
siéntate a mi lado, eso pido yo.

Préstame tu aliento,
me dará calor,
quédate un momento
y hazme el favor.

Si, total, no hay prisa,
no nos urge nada,
me viste tu risa siempre deseada.

Ni a pares ni a nones,
tampoco a los chinos;
solo nuestros cuerpos,
en dos almohadones,
nuestros corazones
y tus labios finos.

Ya sabes, te digo
que siempre me pones
tu piel y tu cuerpo, tus ojos divinos.

ALMAS AFINES

Quédate en mí hasta que quieras,
porque yo lo quiero así,
a ratos,
jornadas enteras,
a citas cortas
y certeras.

Seremos Almas afines,
aunque no digamos nada,
nos cantarán Serafines
de melodía entonada.

Y si llegan discusiones
por cuestiones de rutina,
abriremos los balcones
y dejar la brisa fina
que nos entre a borbotones
de la sala a la cocina.

Quédate porque lo pido,
quédate sin decir nada,
que no haya tedio ni olvido
y todo sea madrugada.

COLGUÉ

De tu cintura colgué
preñadas mis ilusiones.
¿Será por tanto o por qué,
o será porque me pones?

De tu cintura colgué
un trazo que es casi eterno,
el final no lo encontré
y cada vez fue más tierno.

De tu cintura colgué
a trozos mi libertad.
¿Y será porque te amé
o porque eres de verdad?

De tu cintura colgué
todo lo que hube soñado
y en silencio nombraré
solo si estoy a tu lado.

GEOGRAFÍA

¿Vas a deslizar tus manos
por esta mi geografía,
sin usar mapas ni planos,
solo con nuestra energía?

Sin medición, ni premisa,
sin ritual ni letanía,
con intención bien precisa
dejando pasar el día.

Hay un pétalo dorado
que apenas refleja un sueño;
ahora que ya has llegado,
quédate, siéntete dueño.

Dando permiso a tu aliento,
renacimiento preciso,
liberando el movimiento
te otorgaré mi permiso.

QUIERO DECIR

Hoy yo te quiero decir
que no contaba con esto,
pues lo mío era escribir
y poner de manifiesto.

Yo a ti te quiero decir
que no hicimos ningún trato,
ni jurar, ni decidir,
que solo sería un rato.

Por hoy te quiero decir
que me sirve por ahora,
te doy gracias por venir
a mi vida en cualquier hora.

Aún más, quiero decir
que sin haber hecho planes,
hoy me alegro de vivir
los momentos singulares.

Y sí, te quiero decir
que has sido una bendición;
perdona por insistir,
hoy habla mi corazón.

QUIETO

Quieto, no tengas prisa,
entretente en el camino,
que tu caricia sea lisa,
de algodón y suave lino.

Quédate, no tengas prisa,
el tiempo se detendrá;
sin censura ni premisa
el premio ya llegará.

Quédate, no tengas prisa,
pues la licencia otorgada
será certera y concisa,
y después no importa nada.

Quédate, no tengas prisa,
te otorgaré mi favor;
no será broma ni risa,
solo conexión y amor.

UNIÓN

Si por desear mil cosas,
si por desearte a ti
y a tus caderas jugosas,
si es porque… será que sí.

Si por buscar tus sentidos
me refugio en esta luz,
algunos tengo sabidos,
otros muéstramelos tú.

Si por tantas cosas vanas
que llegaron a mi vida
ya aprendí a decir adiós,
cada cosa en su medida,
prefiero juegos de dos
con la carne entretejida.

SI SUPIERA

Figúrate si supiera
que cuando no dijo nada,
guardó las ganas enteras
y permaneció callada.

Figúrate si supiera
que con sus ganas de verle
hizo ojales sin tijeras
y al final todo fue inerte.

Figúrate si supiera
que no fue cómo ni cuándo;
cualquier emoción sincera,
palpitante, verdadera
siempre se estará mostrando.

CARICIA

En la esquina de tu boca
deposité una caricia,
sin medir y sin mediar,
con voluntad y pericia.

Perdí de vista la hora,
pero no me dolió nada,
tu voz dulce, invitadora,
me hizo ver que el tiempo vuela.
Cristalizó tu mirada
y como excelsa secuela
en mí se quedó incrustada
como de estrellas estela.

Revisé y besé mil veces
esa comisura hermosa,
que con tu risa engrandeces
viéndose aún más jugosa.

Será porque la mereces,
tienes mi boca imperiosa;
cuando ante mí tú apareces,
ya no pienso en otra cosa.

Índice

Prólogo..5
Agradecimientos...7

Mirarte..11
Sustento...12
A la niña que soy yo...................................13
Fiel a mi condición....................................15
De…...16
Naturaleza...17
En silencio..18
Marzo..19
Divina...20
El día...21
Brillo...22
Prometeo...23
Despierta..24
Atarte...25
A veces..26
Sea..27
Fue..28
Soñar..29
Una y otra y otra vez..................................30
Hoy me ha dicho..31
Valiente...32
Ganas..33

¡Ay! 34

Pasan 35

Y… 37

¡Porque a mí me da la gana! 38

Paraíso 39

Destino 40

Votos 41

El momento 42

Candiles 43

Sentido 44

Aroma 45

La vida 46

El sol 47

Día 48

Aguante 49

Cúspide 50

Sanada 51

¿Medras? 52

Respira 53

Prestar 55

Amigo 56

Daño 57

Y me decía la luna 58

Un día 59

De sensaciones 60

Dudas 61

Egos 62

Pliegues 63

Deseo 64

Hermano 65
Resiliencia 66
Prueba 67
Secreto 68
Trazo 69
Mi madre 70
Ilusión 71
Nadie gana 72
Risas 73
Dibujo 74
Después 75
Colchón 76
Yo 77
Y yo con él 78
Nada 79
Una canción 80
Ser 81
Y sí, es verdad 82
Melodía palpitante 83
Fácil 84
Dime 85
Infantil 86
Lección 87
Ni a pares ni a nones 88
Almas afines 89
Colgué 90
Geografía 91
Quiero decir 92
Quieto 93

Unión 94

Si supieras 95

Caricia 96